밤이 깊지도 않고 새벽이 왔다

장상옥 시집

상상인 시인선 *088*

하늘 열고 창을 두드리지만

그리운 것들은
비에 젖지 않는다

•본문 페이지에서 한 연이 첫 번째 행에서 시작될 때에는 〈 표기를 합니다.
•저자의 의도에 따라 작품의 보조 동사와 합성 명사는 띄어쓰기가 달라질 수 있습니다.

시인의 말

수십 년 살아오며
수십 년 시 옆에 있으면서
정작 시인으로 살아오지 못해
시로 살아오지 못해
시집 한 권 꾸리지 못했다
그러다 어느 날
그렇게 살아온 것도 나이고
그렇게 살아온 것도 다른 모양의 시라는 생각이 들어
집을 하나 마련해 주기로 했다
어찌 보면 그 시들은 나를 살게 해 주는 힘이었다
상처 없는 바람이 없듯이
소중하지 않은 생이 없듯이
아득했던 날들을 걸어 여기에 와 있다
생을 지나며 지친 이들에게
부디 위로가 되길
따뜻한 길이 되길
나 또한 시에게
한 발짝 더 다가가기를 바라며…

차례

1부 한 걸음 짚어 낼 때마다 땅끝까지 뻗은 발목

시작매듭	19
봉숭아	20
우두둑, 밭매기	21
강을 건넜습니다	22
그림자 저녁	24
바닷가 놀이터	25
대답 없는 답	26
이발소 집 아저씨	27
어둠 속 댄서	28
입석	30
그 남자, 그 여자	31
귀들이 돌아오는 강가	32
멸치의 꿈	34
지구촌 한 남자	36
잔, 잔	38
폭염주의보	40
생사게임	42

2부 사람의 손은 간혹
　　신의 손이 되기도 하네

사글세	47
과수원 이모	48
우리들의 속도	49
고라니 길 건너기	50
철든 슬픔	52
또 다른 문	54
집, 그곳으로 가는 길	56
속초에서	58
칡뿌리	59
기일忌日	60
소래포구	61
11월	62
기사식당, 김 씨	64
그리운 것들은 비에 젖지 않는다	65
하루란	66
밖섬	68
국밥과 막걸리	70
가을에 쓰는 편지	71

**3부   쥔 주먹 다 내놓아야
     바람 한 점 될 수 있는 것**

기봉이네 불닭발 집	75
속초 희망 번지수	76
비로소, 인생	78
명숙이	79
하지夏至	80
진안삼거리	81
궁금한 천 씨	82
명동지하도 보름달	84
벽제, 목소리만 남았네	86
행복 미행	88
강에 두고 온 그림	90
그때 어디 있었나	92
알 수 없는 일	94
언덕을 넘어가는 법	95
오래된 우물	96
순간접착제 사나이	98
바람입니다	100
나무늘보를 만나다	102

4부 그 사람도 여기쯤서 쉬어 가고 싶었을까

너와 나의 거리	107
숨은 그림	108
천사를 만나 보셨나요	110
푸른바다거북	112
배롱나무 아래서	113
설날 아침	114
이명의 밤	116
정동진, 한 잔의 바다	118
출근길에	119
지하철 서사	120
울지 마라 잘 있거라	122
짐	124
나를 놓치다	125
카페섬	126
몸에게 고하다	128
석주	129
석양 여행	130
그대에게 쓰는 편지	131

해설 _ 인간미 넘치는 성정의 시, 그 넓은 강	133
이영춘(시인)	

1부

한 걸음 짚어 낼 때마다
땅끝까지 뻗은 발목

시작매듭

매듭을 짓고
일을 시작하는 것이
어디 바느질뿐이랴

옹골진 매듭 위에서
박음질도 홈질도
어깨를 펴는 것을

터진 주머니
날것, 들것 무엇일까

다짐하듯
꼼꼼히
고이다

매듭지어야 할 자리

그것 안다는 것은

시작할 때를 안다는 것이다

봉숭아

희끗희끗 눈발 차창을 스치던 날
언덕길 굽이굽이 올라가는 6번 마을버스
앞 좌석에서 들리는 소리
"어떻게 지금까지 봉숭아 손톱이 남아 있는겨?"
"응 요령이 있지 봉숭아 꽃잎을 찧을 때 소금을 조금 치면 된다니까 아주 쪼끔"
비밀을 알려주듯 말한다

뒷좌석에서 그 손을 바라보니
한평생 요령이라곤 손톱만큼도 모르고 살아온
고단한 삶이 그대로
손가락 마디마다 툭툭 튀어나온 관절들

허드렛일로 다져진 듯 광대뼈 위로 주름 웃음 번지며
손톱 끝에 남아 있는 주홍색 꽃물들 바라본다

버스에 탄 사람들이 다 알아버린 요령
어느새 창밖의 눈발이 그 여인의 머리 위에 앉았다

우두둑, 밭매기

공들여 심지 않은 것들이
발목을 더 깊이 내리는 것은
구별되지 않으려는 안간힘인가

고추밭 매는 날
어머니 쪽진머리 시작부터 앞서고
서른 해 사는 동안 처음 호미 들고 덤벼든 나를
뿌리째 흔들어 놓는 풀 무더기

이랑 끝 어머니 뒤돌아보시며
"아무나 하는 거 아니다" 그 말씀
한낮보다 뜨거워라

한 걸음 짚어 낼 때마다
온몸을 밀어내는 땅끝까지 뻗은 발목

뽑히면 뽑힌 듯이 새로 솟는 풀

어머니 이랑 돌아 펴 올리는 허리에선
우두둑 뼈가 떨어진다

강을 건넜습니다

가끔은
강밖에 길이 없어
헤엄쳐 강을 건너곤 한다
강을 건너와서
다시 강을 바라보면
정말 길이 강밖에 없었던가 하고
미련한 질문을 던져 본다
가장 가까웠기에 건넜던 것도 같고
가장 쉬웠기에 건넜던 것도 같고
가장 빨랐기에 건넜던 것도 같다
가끔은 건너온 강들이
다시 나를 덮치며 익사시키려고도 한다
강밖에 길이 없어
건넜다고 생각했던 강들이
강 밖의 길을 알려주며
어리석다 한다
그러나 나는 강에게 말한다
온몸을 덮치던 강을
앞뒤 보이지 않던 강을
너는 헤엄쳐 보았느냐고
그리고 너는 그때 어디 있었느냐고

강을 건너는 것이야말로
내겐 무엇이었는지 아느냐고

그러나 건너온 뒤 바라보는 강 옆에는
노 젓는 배도
출렁다리도
풀숲도 보인다

그림자 저녁

동네 약국 간판 불이 몇 번 깜빡거리다 켜진다
그 앞을 마을버스 지나고
사진관에 들러 지난 주말 맡긴 사진을 찾는다

사진 속 아이는 솜사탕에 매달려 있고
사진 바라보다 올려다본 하늘에는
구두 뒤축 같은 달이 떠 있다

소주 몇 잔 들이켠 골목
구겨진 은박지 펴듯 가로등 빛
낮은 담과 수그린 어깨를 덮는다

가까운 길 두고 먼 길 돌아온 저녁
문득 뒤돌아보니
내 그림자 빤히 나를…

바닷가 놀이터

젖은 모래 위에
빵 봉지 구르다 말다

빈 그네
저 혼자 밀리다 말다

녹물 떨어지는
철봉 밑

세상일
다 알 것 같은 날

종일
파도는 못 미더워
왔다 갔다

누군가 써 놓은 낙서
모래 위에 발자국처럼
지워지며
가라앉는

가파른 맘

대답 없는 답

"그때 너는 어디에 있었느냐"
이 질문에 자유로웠던 적이 있었던가
숨지 않았던 적이 있었던가
어떤 시절은 답을 못해
목이 막히고
숨이 막혀
지나가지 않는다

억센 발에 매달리지 않은 죄
물어뜯지 않은 죄
소리치지 않은 죄
때때로 우리의 뒷덜미를 붙잡고 놓아주지 않는다

육체를 가둔 것만이 감옥이 아니듯
시절을 외면한 죄는 묻고 물어도
가위에 눌린 듯 답을 하지 못한다
마치 혼자 숨을 거두는 것처럼

* 정호승의 시 「나에게 하는 질문」에서 "그때 너는 어디에 있었느냐" 따옴.

이발소 집 아저씨

이발소 집 아저씨
오늘도 문을 닫았다

철둑길 옆에서 아이들이
놀고 있었다

노을이 깔리고
고무줄을 걷었다

이발소 집 아저씨
우는 것 본 뒤론
이발소 집 앞 땅따먹기도 재미없어졌다

이발소 집 언니는
며칠째 보이지 않았다

아저씨 내다 버린
높고 검은 구두는
암만 봐도 새 것이었다

어른들처럼
뭔가 숨기고 있는…

어둠 속 댄서

봄밤
누군가
창문 두드린다

문 여니
저렇게 큰
함박눈 내린 줄이야

가까이 다가가니
수십 개
노오란
알전구

가슴으로
걸어 들어와
얼굴이 된다

겨우내
하늘 할퀴던 바람
손가락 접어
그리운 사람 켤 줄이야

이름만으로
머릿속 환해지는
어둠 속 댄서*일 줄이야

* 어둠 속 댄서 -'라스폰 트리애' 감독의 영화 제목.

입석

객차 연결 통로 옆에 앉아
반뿐인 풍경을 바라본다

아홉 시간 내내 덜컹거릴 수 있는
좌석표에 기록되지 않은 자리

몇 번의 연착과
몇 개의 굴을 지나
가는 길
얼핏 내비치는 좌석의
불빛이 눈부시다

검표원도 행선지를 묻지 않고
기차 내, 판매원도 급히 지나는 자리
문득 시계 보니
네 시 반
가끔 손 흔들던 아이도 돌아가고

바람 몸 빌어
숨 벼리는
녹슨 고리
슬쩍 감춘 내 자리

그 남자, 그 여자

가로수 나뭇잎 뜯어다
밤새 썰었다는 그 요리사
고기 대신 행주로
수천 번 굽는 연습을 했다며 웃는 그 남자

학교 옆 골목
두 평짜리 포장마차 주인
꼽추 몸에
물 길어다 어묵 끓이고 오징어 튀기는
뼈 드러난 어깨에
매달린 식구가 열이라며 웃는 그 여자

"종교가 뭐예요?" 라고 물을 때
떠오르는 두 얼굴

귀들이 돌아오는 강가

제대로 비추는 것은 길을 묻지 않는다

바늘처럼 뒷덜미로 쏟아지던 햇살
온 길을 되짚으며 노을을 부려놓았다

그 아래 온종일 하늘을 열던 강
점점 몸을 키운 어둠의 흉부로 눕는다

그가 기억하는 건
강 중심에 이르지 못하는 돌을 던지던 사람
강기슭을 접어 보던 바람
느리게 낮은 건반 딛던 풀잎
귀만 가진 돌들

하나둘
바람에 물빛에 불려 나갔던 귀들이 돌아온다
웅크린 길을 더듬어 허리를 일으킬 시간

강은 흔들리는 내 이마를 비추고
불빛은 곳곳에 강과 얼굴을 맞대고 있다

돌들의 하얀 뼈가 드러난다

제대로 비추는 것은 길을 묻지 않는다

멸치의 꿈

늦은 저녁
빈집에 홀로 앉아
맛간장에 볶은 멸치 한 젓가락
입안 가득 바다 고인다

바다의
머리
다리
꼬리가
나의 머리 다리 꼬리가 될까

뛰놀던 바다
몸부림도 없이
다 버리고
또 다른 바다로 헤엄쳐 들어갔을까

눈부신 작살 아래
반짝임과 펄떡임 같은
꿈이 있었던가

늦은 저녁

빈 운동장
누군가
허공을 텅텅 울리던 공처럼

머리 다리 꼬리
다 분지르고
살 다 파먹어도 좋을
그런 꿈이 있었던가

지구촌 한 남자

한순간이었지만
그의 발자국 너무 깊어
100년 지나도
아물지 않은 거라네

쓰나미 할퀴고 간
스리랑카에서
한 남자 누워 있네
열두 명 가족 한꺼번에
잃었다는 한 남자가
울지도 않고

집 다 부서진
식구 다 묻힌
쓰레기 더미 위에
누워 있네

9시 뉴스 기자는 큰 충격에 정신을 놓은 남자라고 보도하고 있네
　그는 정신을 놓지 않았네
　〈

하늘 바라보며
물 탓에 죽고 물 덕에 살겠다는 사람들 사이
그는 하늘 향해 누워 있네

정신을 놓칠까 봐
정말 정신을 놓칠까 봐
산 같은 쓰레기 더미 밑에 깔린 새끼를 부모를 제 아
낙을 놓을까 봐
정말이지
정신을
부여잡고
있네

잔, 잔

겟세마네 동산에서
땀방울이 핏방울이 되신
예수여

우린 때때로
내 앞의 잔이 너무 무거워
너무 무서워
잔을 쏟고
버리고
숨는다오

잔은 들기 전
독배인지
쓸개즙인지
알 수 없으나
당신 뜻대로가 아닌
내 뜻대로 하옵소서
간절히 외친다오
달콤한 잔이길 원한다오

들이키지 않고 건너갈 수 없는 강이라면

내 앞의 잔을 들이켤 수밖에

주님은 아셨을까
"저의 원대로 마옵시고
아버지 원대로 하옵소서"
그렇게 기도하신 예수여

* 신약성서 마태복음 26장 39절 인용.

폭염주의보

십수 년 만에 실업자 되어
평일 오전 책 한 줄 읽으려니
8월 열린 창으로 열댓 번도 더 지나가는 확성기 소리
귀를 찢고 달려와 머리를 두들긴다

누구는 확성기 가지고
골목, 골목 누비는
배추 장수가
갈치 장수가
계란 장수가
내공이 쌓여 있어
가만히 듣고 있다가
계란 한 판 사 왔다는데
내겐 그런 내공이 없어
확,
확성기 뺏거나
틀고 다니는 녹음기 부숴 버리고 싶다

내공…
내공…
내공…

〈
내공은 그 소리 수십 년 듣고도 귀먹은 척
볼일 다 보는
앞집 뒷집 옆집 아주머니에게 있다

생사게임

한밤중
냉장고 문을 여니
이게 웬일인가
저녁에 사다 놓은 낙지 비닐봉지
어슷하게 묶였을까
산낙지 한 마리,
아니 두 마리,
아니 아니 세 마리…
검은 비닐 감옥을 풀고 나와
냉장고 천장에 붙어
더 큰 지옥을 뚫고 있는 중이다
한 놈은 절벽을 기어오르고
또 한 놈은 운 좋게 문에 매달려 있다
지금은 생사건너기 게임 중
그 바다 갯벌 다 살아내고
허기진 어부 그물 손 다 거치고
이제 추운 암흑까지 왔으니
더 못 갈 길이 어디인가
날이 밝으면
생살 데는 불길과

날 선 칼질만 견디면 되리라

생, 만만하다

2부

사람의 손은 간혹
신의 손이 되기도 하네

사글세

평당 몇천이 넘는
고층 아파트 다 들어서고
재개발에서 빠진
아현동 뒷골목
간판도 없는 작은 가겟집
누런 종이에 써 붙인 글씨
삐뚤 빼뚤
'사글세잇습니다' 문구를 읽다가
문득
어떤 이의 무릎뼈가
등골이
한 달 삭아야만
한 달 버텨내는
슬픈세
사글세
삭을세
사글세

과수원 이모

어린 들 쑥 널브러진 십리 길 걸어 장양리 들어서면
사시사철 배나무에 매달린 이모 얼굴보다 먼저
취한 채 달겨오는 배꽃향기

잔가지 군불 때며 듣는 이도 없는 말
"꼭 복숭아빛이였당께 고 뺨이 참말로"
전설이 된 이모부 읍내 여자 얘기
"배나무가 남편이제, 저눔 누렁이가 자식이고"

사다리 둘러메고 돌아서는 이모 눈엔
배꽃 흩날리는 과수원길 가득 괴다 사라진다

우리들의 속도

음식처럼 슬픔에도 유효기간이 있냐고 묻는다
달팽이는 달팽이의 속도가 있고
치타는 치타의 속도가 있다
상처가 아무는데도 각자의 속도가 있어서
너의 속도로 나를 말하지 말고
나의 속도로 너를 재지 말라 한다

* 이명수 씨의 강의 '내 마음이 지옥이다'를 듣고 인용함.

고라니 길 건너기

자네 굳이 그곳에 가야겠다면 우선 말해 둘 것이 있네
그 길은 정말 위험천만하다네
하지만 못 가는 것은 아니야
목숨 걸고 가는 거지
자네 눈에 보일지 모르겠지만
늦은 밤이나 새벽녘에
달리던 괴물들이 좀 뜸할 때가 있다더군
아마 드물 거야
나도 여태 그런 때를 본 적 없으니
잠깐이야
아주 잠깐 뜸해진
그때가 건널 때인데
자네가 그것에 맞추어서 건너기란 무척 어려운 일일세
하지만 꼭 못 만나는 것도 아니니 절망 말게
그때를 만나면 지금보다 훨씬 더 빠르게 달려야 하네
거대한 괴물들이 서서히 오는 것 같지만 바로 자네 앞에 와
　머리를 처박는단 말일세
　아,
　그 길이 아니라면
　멀어도 돌아가는 길을 한 번 찾아보게

물론 그것은 저 길을 건너기보다 더 어려운 일일세
질러가거나 돌아가야 하는데
자네가 굳이 길 건너가야 할 곳이 있다면
목숨을 건 길이지만 가야지 않겠나?
길이 달라진 것도 없지만 자네의 생각도 달라지지 않는다면 말이야
가야지
나도 들은 얘기지만 고향 간 친구는 드물고 세상 뜬 친구들만 많다네…

* 한 해 로드킬 사고로 2,000건 이상의 고라니가 목숨을 잃는다/2018.5.23. 네이버뉴스.

철든 슬픔

오십여 년 전
아버지
남양주 진안삼거리에 묻을 때
슬픔도 잘 몰라
나비를 쫓아 웃기도 했다
이제 아버지의 생전 나이도 훨씬 지난 딸
다시 이장을 한다

질긴 칡덩굴 잡고 고향 가시려는지
삽 든 이들은
한 삽 한 삽 내려가며 뒤엉켜 있던 칡덩굴을 쳐내고

해탈한 것처럼 몸 다 벗어버린 아버지 만나
'육탈이 잘 됐다' 하며
작은 상자에 담아 주었다

살 다 버린 뼈
살다 버린 뼈

처음으로 아버지를 가슴에 안고
인천 화장장 거쳐

철원 싸리골에 묻었다

아버지,
그토록 바라던 고향 영변의 어머니 곁에 눕지 못하고
북으로만 한걸음 가까이 갔다

아직도 바람만 자유로운 하늘을 올려다보며
오늘 밤 아버지,
철원의 하늘과 수목과 한잔하고
영변의 약산 진달래길 올라 그립던 어머님 만나 보시려나

저 멀리
새 한 마리 날고
내겐 지금도 슬픔이 없다

또 다른 문

창살 없는
문이 열리고
나는 무작정 밖으로 나왔다
얼마나 기다리던 햇빛인가
담 밖의 하늘을 흰머리에 이고
몇몇 친구가 기다리고 있었다
세월에 긁혔어도 어릴 적 얼굴은 남아 있었다

수의囚衣같은 자리를 벗고 오래 머물던 방을 떠날 때
남아 있던 동료가 내 등에 대고 말했다
"또 다른 감옥이 기다리고 있을 거야"
그러자 다른 동료가 창문을 바라보며 말을 받았다
"또 다른 날개일 수도 있으니 걱정 말게"

무식한 담벼락처럼 별 반성도 없이 보낸 세월
몇 개의 병病을 얻고
얼마의 밥벌이를 하고
손을 터니
먼지뿐
햇빛에 먼지가 반짝인다
〈

간수 같은 이가 '잘 가라' 손을 흔든다
접어둔 지 오래된 날개는
있어도 그만
없어도 그만

낯선 몇 개의 바람이 내 어깨에 앉는다
출감出監인가?

집, 그곳으로 가는 길

북에서 남으로 도망치느라 다리에 총탄을 맞았다는 아버지
그 몸으로 대동강을 건넜다고 했던가
한탄강을 건넜다고 했던가
빤스 바람이었다고 했지
뒤돌아보지 말고
무조건 도망가라고 모친이 울부짖었다고

남에서도 무능한 가장으로 이리저리 쫓겨만 다니다가
가까스로 자리 잡은 진안삼거리 비탈길 공동묘지
찾는 이도 없이 반백 년 지내다가
거기서도 이사하던 날

따르는 것은 바람뿐

세상 근심 다 벗은 몸 가져다가
휴전선 가까이 철원에 묻었다

땅도 가까워지고 하늘도 가까워진 북쪽
너무 오래 머물지 않다가
고향 가게 해 달라고

생전 아버지 나이도 한참 지난 두 딸이 꾸벅 절을 올린다

'아버지 집으로 가는 길 우선 몇 걸음 더 가까워졌다고'

속초에서

떠난 사람
벗고 간 짐은
남아 있는 사람의
삶의 이유가 되는가

부서질 듯 햇빛 먼지 가득한 부엌 창
속초 노인 멀리 보며
척, 피워 무는 담배 한 대
어린것 두고 떠난 사람이나
곧 온다는 사람은 기다리지 않는다
살아 보니
뱃길만 험한 것이 아니고
겪어 보니
파도만 탓할 것도 아니다

밀려온 바닷가 껍질처럼
두고 간 그림자들
붐비는 기억들
종일
털어내다 보면
어느새
가득 차는
빈자리

칡뿌리

입춘 지나 볕 실한 날
덕칠이와 담장 지고 앉아 칡뿌리 나눠 먹었습니다

덕칠이 할아버지 댓돌 내려서며
"덕칠아! 할애비 대신 뒷간 좀 갔다 와라"
벌써 네댓 번 갔다 온 덕칠이
냅다 내 손 끌고 뒷산으로 도망쳤습니다

그 이튿날이던가
덕칠이 할아버지 돌아가셨습니다
마을 사람들 모여
노인장 가는 때를 알고 갔다고 했습니다
사자밥에 떨어진 동전 몇 잎 주워 하얀 눈깔사탕 사 먹었습니다

길 가다 장사꾼 칡뿌리 부려놓은 것 보고
그 애도 나를 이렇게 보겠지, 잠시 발이 묶입니다

기일忌日

오늘은 아버지 기일, 설핏 든 내 잠 속에 오셨네
시퍼런 강 사이에 두고 맨발로 서 계셨네
일어나 꺼내 본 사진 속의 아버지
주름마다 녹슨 철조망인데
저승에서도 길 막혀 영변 아직 못 가셨나
당신 어머니 무른 눈으로 아들 기다리실 약산에
흙이 되어서도 닿으시겠다더니
물살 센 강가에서 다리 놓을 돌을 고르시나
한평생 걸려 교문리 비탈길에 여장 푸신 아버지
누울 수 없어 숨 멎은 땅 흔드시네
깨어나라 일어나라 하시네

소래포구

사람들 저마다 목마른 바다 하나씩
길어내다 돌아서는 포구엔
한나절 그물에 작살되어 펄떡이던 해 바다를 건너가고
서녘 하늘 힘 부친 사람들의 눈그늘로 붉게 물든다

아직 신명 못다 푼 아낙네
해그늘 깊이 몸 던져 팔뚝만 한 바다를 건져 오지만
도시 사람 되짚어 간 자리에 쏟아내면
청갈치 톱니바람 먼저 달겨와
아낙의 가슴섶을 헤치고 있다

소금 밴 닻줄 내리는 밤
개펄의 아낙은 낙지 따라 발목 추스르고
해풍에 등 굽은 사내, 바닷내 물컹이는 그물 기워
갯바람 베고 잠든 아이의 머리맡으로
밤새도록 만선의 꿈 가득 실어 나르는 곳

11월

낯선 길에서
오지 않는 차를 기다리다가

길가 포장마차 집
밤바람에 펄럭이는
포장 불빛 사이

새어 나오는 하얀 김에 끌려
포장 걷으니
이 집도 막 문 닫으려는 참

찬 국수 한 그릇 말아 달래
서서 우걱인다

목울대를 넘어가는 국수 소리
천막 밖 바람 소리
막 설거지하는 소리

늦은 11월 문 닫히는 소리

택시마저 끊겼는지

여전히 차는 오지 않고
저 길 끝 돌아가는 늙은 남자의 뒷모습

누군가 주먹으로 내리친
커피 자판기에 비친
얼굴 하나

정말 모르는 사람이다

기사식당, 김 씨

태양 기사의 집 앞에
칠십 넘은 호객꾼 김 씨
하루 종일 오른팔을 들어
왼쪽 배 속 깊이 꺾는다

일당 오만 원에 꺾는 수백 번의 몸짓
그을린 얼굴에
골 패인 손
살면서 무수히도 꺾었던 오른팔
세상은 쉽게 숙어지지 않았다

그러나 그는 안다
꺾을 수 없는 것이 무엇인지
가끔은 달리던 직선들이
자기의 팔을 보고 기울어진다는 것을

김 씨는 오늘도
칠십 평생 꺾지 못한 것들을 꺾으러
태양 기사 식당 앞에 선다

그리운 것들은 비에 젖지 않는다

가슴뼈 켜켜이
숨죽지 않는 그리움으로
저며본 사람은 알리라

세상의 모든 그리움들
하늘 멍들이다가
그리운 이 창마다
쏟아지는 것을

날 선 그리움들
하늘 열고 창을 두드리지만

그리운 것들은
비에 젖지 않는다

하루란

늦은 밤
그을음 가득한 진주식당의 주인은
전기밥통 옆에
새우처럼 졸고 있다

십이월 네온은 제 흥에 겨워
유리창마다 성탄카드를 그리는 밤
눈가에 칼바람 맞은 사내들이
내장탕 붉은 문을 밀고 들어왔다
종일 누구의 내장을 채우기 위해
저들은 곤했을까

구불구불 키 높은 담 지나
간 절은 의자에 몸을 부리고
꼬불꼬불 또아린 내장탕 앞에
흰 등골들이 모여
소주잔을 기울인다

졸던 주인 손에 헹궈진 내장은
사내들을 덥히기 위해
사지가 시끄럽고

마주 앉은 사람마다
몇 잔의 썩어 문드러진 날숨으로
댓 평의 내부는 뜨겁다

하루란 덜어낸 내장만큼
파먹는 일이거나
너덜너덜한 내장을 건져보는 일이거나

밖섬

거칠은 숨결을 바람에 섞으시며
풀잎에도 꽃잎에도 기도하셨습니다

고된 하루 없이
등을 누일 수 있나

파도가 에워싼
밖섬
꽃보다 꽃을 피우고 간 사람이 보이네
바람에 고인 땀방울 눈물방울
섬 나무 꽃그늘 되어
뭍에서 헐떡이던 손, 잡아 이끄네

사람의 손은 간혹 신의 손이 되기도 하네
뼈 굽은 등과 곱은 손 꽃 숨결로 걸어 나와
아버지처럼 부서진 어깨를 감싸네

파도와 바람 속에 핀 꽃
그 향은
파도와 바람을 가르고
사람과 하나님 만나기에 좋은 바다정원을 놓았네

발 디디는 곳곳에서

기도하는
정원사의 흰 무릎이여

* 밖섬 : 거제도 외도의 다른 이름.
** 부제 : 〈외도〉 설립자 이창호 씨의 부인 최호숙 씨가 쓴 이창호 비문에서 따옴.

국밥과 막걸리

회사 앞 편의점 옆에
안면 있는 노숙자가 있었다
"추운데 국밥이나 사서 드세요"
가끔 만나면 돈을 주었다

하루는 편의점 직원이 나오더니
"돈 주지 마세요 국밥도 안 사 먹고 그 돈, 술 다 사 먹어요"
그다음부터는 뜨거운 컵라면과 우유를 사다 주었다

언제부터인가 그 노숙자는 보이지 않았다
가끔 편의점에 들러 물어보았지만
겨울이 끝나도록 오지 않았다
그가 앉아 있던 자리를 보며
컵라면과 막걸리를 같이 주었어야 했는데 하고…

가을에 쓰는 편지

  퇴직하고 산티아고*에 같이 가자던 친구는 요양병원에 누워 있고
  여고 시절부터 시화전을 같이 열자던 친구는
  이젤을 끼고 하늘나라로 이사 갔다
  벚꽃 흩날리는 고궁에서
  셋이 찍은 사진을 보다가 피식 웃음이 난다
  공수표만 날리는 것들
  온다던 비는 오지 않고
  때늦은 매미 소리만 온몸을 찌른다
  사진 속 벗들과 주거니 받거니
  낮술에 취해 버린 입추
  가을은 어디서 오는 것일까
  가을은 어디쯤 와 있을까

* 산티아고 : 스페인 순례길.

3부

쥔 주먹 다 내놓아야
바람 한 점 될 수 있는 것

기봉이네 불닭발 집

기봉이네 닭발집 옆에는 로또 가게가 있다
일주일에 한 번씩 들러 로또 한 장 사고 나오면
뜨거운 기름 앞에 닭발 튀기던 아저씨 나를 힐끔 본다
나도 멋쩍어 힐끗 보다가
가만히 둘러보니 나만 보는 것은 아니고
로또 가게에 들락거리는 사람은 모두 서로를 힐끗거린다
불닭발 한 접시 5천 원, 닭똥집 한 접시 5천 원 입간판 옆에서
로또 자동 한 장 5천 원 사면서
우리는 왜 매주 서로를 힐끗거릴까…

속초 희망 번지수

다 쓰러져 가는 손바닥만 한 바닷가 집
지금은 사업에 실패한 가족이
그럭저럭 여기저기 뜯어고치고 살고 있는 집
이십여 년 전 나에게 그 집을 소개한 시누이는
무슨 바람이 들어 자기 아이들마저 버리고 소식이 없다
갖가지 파도로 밀리고 밀린 사람들이 머물다 가는 집
집이 너무 헐어 아무도 들지 않던 어떤 해
속초시청 직원이 물어물어 나를 찾아내
수도가 얼어 터져
누수 된 수도 요금 오십만 원 받아 간 집
내가 세상에서 마음 다쳐 집채만 한 바람 앞에 서 있을 때 속초가 떠오르고
다 쓰러져 가는 영랑동 집이 보고 싶다
나는 허물어져 가는 그 집에 다양한 설계도를 가지고 있다
이층집 삼층집 민박집 까페…
무능한 낯을 씻고 출근할 때마다
출구를 찾지 못하고 지하철역을 헤맬 때마다
설계도를 수정하며
맘껏 바다의 넓이를 조절했었다
가끔 그 집에서 월세를 부쳐 온다

돈에는 아픈 돈이 있어
나도 가끔 속초에 간다
다치지 않아도 아픈 마음을 치료하러
약이나 돈으로 치료되지 않는 것들을 만나러
연탄이나 달걀을 들고
더러는 값없는 것들이 얼마나 큰 견딤을 주는지
지금 살아주는 그 사람들이 그 집에서 천천히 절망을 털고
작은 문을 열고 좁은 골목을 나와
트럭 가득 희망을 싣고
영랑동 그 집을 떠나기를…

비로소, 인생

덧셈인 줄 알았더니
뺄셈이었네

곱셈인 줄 알았더니
나눗셈이었네

굽은 맘 다 펴야
갈 길 보이고

쥔 주먹 다 내놓아야
바람 한 점 될 수 있는 것

모래가루 눈 속 헤집을 때
비로소 들리는 것들

명숙이

2014년 12월 19일 오후 6시 30분경
남해고속도로 4중 추돌 50대 여성 운전자 1명 사망
이렇게 짤막한 기사가 TV 자막으로 흐르고
나는 그 여인이 누구인 줄도 모르고
그날 저녁밥을 잘 먹었다

오늘 네가 살던 곳을 빙 돌아서 왔다
너도 나를 빙 돌아가더구나
사십 년을 넘게 너와 '킥킥'거렸던 내게
손짓 한번 없이 가버리고

오늘도 지나간 뉴스를 다시 빙 돌려 본다
구겨져 불타는 자동차를
사차선 김해 고속도로를
4대의 추돌 차량들을
앞질렀다고
보복 운전한 17톤 트레일러 기사를
그날 멈춰 버린 모든 끈을
'컥컥'거리며

하지 夏至

지하도에 잠자는 노숙자의 발이
이불 밖으로 나왔다

병病으로 보내 버린 두 해를 털 듯
싫도록 부려놓은 햇볕에
늦은 빨래를 넌다

거칠어진 손과
단숨에 몇 년이 지난 것 같은
유리에 비친 내 얼굴

문득
멀리 있는
친구의 소식이 그리워

창원에 붐비지 않던 주막의 주모처럼
열무 소면을 말아먹고

부칠 수 없는 편지 몇 자 적다 보니
밤이 깊지도 않고 새벽이 왔다

진안삼거리

몸은 바람으로 만들어진 것이 맞지
그래서 아버지 수십 년 떠돌다
집도 절도 아닌
비탈길 진안삼거리에 누워 있네
바람 깔고
바람 덮고
북으로 북으로
남으로 남으로
흐르는 구름 따라다니다
흐르는 강물 따라다니다
배도 닿지 않는 곳에 누워 있네
산 자와 죽은 자
떠나지 못한 자가 함께 누워
오지 않는 배를 기다리는
진안삼거리

아버지 태울 배는 언제 오려나

궁금한 천 씨

천 씨가 가겟집
외상값 갚는 날은
동네에서 상여(喪輿)가 나갔다

장기 훈수를 두다가
여름날 등목을 하다가
눈을 희번덕거리며 천 씨가 뛰는 날은
누군가 죽은 날이다

음식에 고춧가루 유난히 뿌려 먹던 천 씨
가끔 자랑하듯 묻지도 않은 말 떠벌렸었지
돈 많던 윗집 영감 염(殮)하는데 갑자기 눈을 떠 가슴팍에
노잣돈을 움켜잡았다나 어쨌다나
뒷동네 과부 염하는데 한 쪽 팔이 늘어져
팥과 좁쌀로 묶었다나
생닭을 잡아 묶었다나

애 어른 할 것 없이
대영극장 동시상영 영화보다
솔깃해서 듣던 천 씨 염 이야기
〈

오랫동안 초상初喪이 없으면
길 가던 이마다 불러
외상 술 먹이던 천 씨

그의 염殮은 누가 했을까

명동지하도 보름달

달도 없는 밤
명동지하도

서둘러
집으로 돌아가는 사람들 사이

낮 동안 거리 떠돌던 노숙자들
빈 박스 하나씩 깔고 누워 있다

나뒹구는 소주병과 지린내 자욱한
비상용 모래함 옆

검은 보자기 머리에 쓰고
검은 두루마기 차림에
보름달 빵 먹는 여자 있다

달도 없는 보름달 빵
두 손 받쳐 먹는 여자

오가는 이 바라보며
산 깊은 절의 보살처럼

엷은 미소 지으며
물도 없이
보름달 빵 먹는 여자

어제도
오늘도
딱 옷 한 벌 들었을 보따리 옆에 놓고
산나물 공양하듯
보름달 빵 먹는 여자

지하도 빠져나오니
달
여전히
보이지 않네

벽제, 목소리만 남았네

가는 데 순서 없지만
가고 나서는 순서가 있네

3번의 번호표를 받고

넉넉잡고
두 시간이면
다 태워진다는 그녀를 기다린다

유가족 대기실 전광판엔 화장 진행 상황이
시시각각으로 번호 1번 2번 3번…
그녀의 이름이 화장 시작에서
진행 중임을 알리는 글씨가 떠오르고

7시 44분에 태워지기 시작한 그녀
9시 30분에 종료되었다는 문구와 안내 방송 흐르고

투명하고 정확하게
불을 타고 올라가 버린 그녀
영정은 아무것도 모른 체 웃고
〈

화면의 글씨처럼 가벼워진 그녀

손까지 흔들며

'괜찮아, 괜찮아' 한다
'잘 있어, 잘 있어'라고

목소리는 타지 않았네
가지 않았네

행복 미행

네댓 살 됐을까
아이 손을 양옆으로 잡고
앞서가는 가족

오십 줄에 아빠는 읍내 오일장에서나 샀을
하늘색 나일론 잠바를 걸치고
귀밑머리 희끗희끗
눈발 날리는데

그 옆 딸애는 머리부터 발끝까지
까르르까르르
분홍 나비 리본으로 날아가고 있다

딸애 옆 젊은 여자, 베트남 여인인가
갓 스물이나 넘었을까
주름치마에 블라우스
긴머리 휘날리며
앞서가는 아이 넘어질까 더울까
겉옷을 입혔다 벗겼다 한다
그 모습 바라보며 담배 피워 문 아빠, 걸음을 늦추며
놀이동산이라도 가는지

오가는 버스마다 찬찬히 훑어본다

날은 푸르고
볕은 부신데
엄마와 아빠 손을 그네 타듯
까르르까르르
오가는 아이 뒤를
이미 여럿 뒤쫓고 있었다

강에 두고 온 그림

늦은 저녁
먼지와 바람 밴 얼굴로
강가에 서면
강보다 먼저 흐르는 목소리
흐르게 두어라
흐르게 두어라
흐르게 놔두어라

둑에서도
어귀에서도
쉼 없이 흐르는 숨결
흐르게 두어라
흐르게 두어라
흐르게 놔두어라

물빛에 반짝이는 별들도
돌밭에 솟아오른 사금파리도

막아서지도
거슬러 오르지도 말라며
허기진 귀에 부는 바람

흐르게 두어라
흐르게 두어라
흐르게 놔두어라

허우적거리던 그림자
굽이굽이
손 풀고 흐른다

그때 어디 있었나

불

탄 숭례문 보러
버스를 타고
남대문에 내렸다
몸 묶어 불태운
맨살의 부모를 본 적이 있는가

맨살에 불을 붓고
묶인 채 타고 있을 때
아버지 검은 재로 변할 때
나는 어디에 있었나
양동이에 물을 들고 뛰어오르지 못한 죄를
울타리 눈여겨 보살피지 못한 한을
쓰린 마음으로 평생 산들 갚을까

늘
못난 날 위해
굽어보고
쓰다듬던
그 눈길 잃고서야

그 손길 잃고서야
거기 계신 줄 알았네
가슴 울타리
다 무너졌네

남대문 새벽시장
밤거리 숭례문 지나며
몇 푼에 영혼이 바쁠 때도
숭례문
고요히 자리에서 어깨 만져주던 아버지
세상사 뜨거워도 우산 받쳐주던 어머니
나는 부모 팔아 무엇을 구했나
불지른 나는 할 말이 많은데
검은 재 부모는 말이 없네

알 수 없는 일

깊은 바닷속 알 수 없어
파도와
바다의 빛깔과
그 위를 지나는 배
바다는 바다와 바다의 기슭과 바다의 속을
함께 가지고 있어

배는 늘 바다 위나
바다 기슭이나
바다 그림자나
빙산 옆을 지나고 있어

바다에 대하여 이야기 하려면
바다를 지나치는 것은 아니지
만나야 하는 것이지
잠잠하게
깊이
가라앉아 봐야 하는 것이지

배와 바다가 진정
만나지 못하는 것처럼
당신과 내가 진정 만난 것은 아니다

언덕을 넘어가는 법

스승은 병 잡혀 산골에 사신다
S자로 굽어진
비탈길은 내려가 뵙고
다시 오르려는 언덕길
아스팔트 미끄러지듯 달려온 승용차
굽은 길을 펴지 못하고
같은 자리에 멈추고 만다
보다 못해 스승은 말씀하신다
"간 만큼 내려오라고
내려와 다시 오르라고
오를 때는 숨도 쉬지 말라고"
스승의 말 따라
언덕을 넘고 보니
스승은 가시고
흙먼지만 붉다

오래된 우물

드라마의 주인공이 말하네

가끔은 먼저 간 사람에게도
소리 내어 이름을 부르며
안부 인사를 해야 한다고

절간 뒤란에 모여 있던 바람은
낯선 사람인지도 모르고
발길을 휘감는데
말이 절이지
중도 하나 없이
눈먼 듯한
보살 하나
빈 그릇 하나 들고
이삭을 줍는지 오갈 뿐
물을 올려본 지 오래된 우물엔
짝 잃은 슬리퍼 빠져있고
그 속엔 거미줄 가득 모아
시들은 햇빛을 건지고 있는 중

드라마 속 젊은 그녀는 말하네

〈
가끔은 먼저 간 이들에게도
소리 내어 이름을 부르며
안부 인사를 해야 한다고

순간접착제 사나이

출근 시간 다 지나
지하철 2호선
회색 바바리 젊은 사나이 비호처럼 올라탔다
양손엔 큰 가방 '순간접착제' 가득 넣고…

구로역에서부터 사나이 목소리 승객의 귀와 붙어버렸다

"백화점이나 시중에서는 이천 원 하는 순간접착제를
지금 이 순간은 단돈 천 원씩 드립니다
한 개가 아닌 두 개씩
말도 안 되는 가격에 놓고 갑니다
특허 받은 이 순간접착제는 시중에서 파는 것이 아닙니다
오래된 신발의 밑창은 물론, 백자 청자 금 간 도자기
멀어져 간 애인의 마음까지 붙여 줍니다
한 번 붙은 것은 영원히 떨어지지 않습니다
감쪽같은 로또의 순간접착제입니다
자~
남은 것이 몇 개 없습니다
지나간 다음에 찾지 말고
지금 천 원씩 준비하십시오

거스름돈은 없습니다
단돈 천 원씩 무릎 위에 올려놓으시면
순간접착제가 지나갑니다
다시는 이런 기회를 만날 수 없습니다"

신도림역에서
지하철 문이 열리고
사나이 바람처럼 사라졌다
사람들은 사나이를 놓치고
천 원과 바뀐
순간접착제를 바라보고 있다

바람입니다

몸이 숨을 거두면

21g 사라진다지

봉원사 풍경소리

물고기 눈 속엔

몸이 덜고 간

목소리

몇 그램 숨었다가

바람결에 슬쩍 걸어 나오네

안개 자욱한 새벽

나는 그녀에게 문자를 보내네

'잘 있냐고'

〈
연꽃잎 잠깐 흔들리네

답장 대신 바람이 왔다 가네

나무늘보를 만나다

바륨은 식도에서 위로 십이지장으로 흘러내려 갔다
하얗게 사진도 잘 찍혔다
위하수가 되어
들기도 많이 들고
소화도 오래 걸리겠다고
낡은 부대 자루를 보여주는 의사
수십 년을 먹고 마시고 하였으니
구멍이 나지 않은 것도 기적인데
갑자기
나무늘보 생각이 났다
나뭇잎을 주식으로 먹고
몸무게의 삼분의 이가 위장이어서
소화시키는 데 한 달이 걸린다는
나무 위에서 하루 스무 시간씩 잠을 자고
똥 눌 때나 내려온다는
나무늘보
천천히 느리게 살면서
자기의 몸 위에서 생물도 여럿 키우며
화도 잘 내지 않는다는 노자
술을 삼겹살을 고추장을
무지하게 많이 먹으면서

지하를 지상을 세상을
무지하게 빨리 달리면서
개미 한 마리 키워 내지 못하는 부대 자루 여자를
카메라 속 나무늘보가 웃으며 바라보고 있었다

4부

그 사람도 여기쯤서
쉬어 가고 싶었을까

너와 나의 거리

길을 잃을지 몰라
말뚝을 박아 놓고
절룩이는 다리로
너를 만나려고 먼 길 걸어왔지만
나는 너의 그늘을 읽지 못하고
너는 나의 신음을 듣지 못한다
하긴
나 하나 건너오는데 평생 모자란 삶
누구에게 건너갈 수 있을까
종점에서도 평행선일지 몰라
만나지 못한 채 완성될 시詩
언젠가 한 번쯤은 오래 기다린 터널에서
서로에게 손차양을 내밀며
거리는 재고 발자국은 지우는 것이 아니라고
품고 덮고 가야 한다며 나의 어깨를 토닥일지 몰라
서로의 그림 속에서 아물지 몰라
오늘도 나는 그 길을 걷는다

숨은 그림

당신이 놓친 그림을 나는 알고 있어요
가슴을 쥐어뜯으며 울던 그대가
벽에 피가 나도록 머리를 찧던 그대가
보고 싶어도 보이지 않던
그림을
이 세상에 없다고 울부짖던 그림을
조금만 더 기다리면
그대가 볼 수 있어요
지금이 끝이 아니라고
말하던 사람의 말을 다시 한 번만 들어 보세요
지금이 곧 지나간다고 말하는 사람의
말도, 말도 안 되는 말도 한 번만 짚어 보세요
분명 당신에게
뜨겁진 않지만
아련하게 무지개가 비칠 거고요
이 순간 지나고 나면
분명 당신이
고개를 옆으로 잘 돌렸다고 말할 수 있을 거예요
당신이 아직 확인하지 않은 그림이 있습니다
당신이 지나쳐 버린 작지만 큰 그림이 있습니다
그 그림을 나는 알고 있어요

당신이 그 그림을 다시 보려고만 한다면
지금 이 결정은 다시 할 수 있어요
다시 걸어 다니며 꽃내음을 맡을 수 있고
다시 사랑하는 사람들의 부드러운 말소리를 들을 수 있을 겁니다
당신이 지나친 그림을 나는 알고 있어요
당신이 기다리는 그림을 나는 알고 있어요
제발 지금이 이 세상의 끝이라고 생각지 마세요
당신은 아직 가야 할 길이 있으니까요
당신은 세상 그 무엇보다 더 아름다운 사람이니까요
바로 다음 그림이 당신을 기다리고 있으니까요

천사를 만나 보셨나요

1974년 8월
300만이 넘게 모였다는 여의도
'엑스포로74철야성령집회'
뭘 들었는지는 생각은 안 나고
같이 간 교인들을 잃었다

밤 두 시는 넘었을 거고
차도 없고 집은 멀고

아까부터 여의도 광장을 헤매던 나를
지켜보던 내 또래 아이,
자기네 집에서 자고 가라 한다
따라간 여의도 아파트
그 애는
현관문으로 들어가지 않고
현관 옆방 창문으로 들어가 내게 문을 열어 주었다
가정부였다

  새벽녘 주인 몰래 나를 깨워 차비하라고 얼마인가 주었다
  버스를 기다렸다가 면목동 집으로 돌아왔다

〈
살면서 많은 천사를 만났다
천사들의 얼굴에는 늘 그 애가 있었다

푸른바다거북

제주 바다에서 인공 증식된 네 살 된 '푸른바다거북'
3,847km를 석 달 헤엄쳐
베트남
어머니의 집으로 돌아갔다

어머니가 누군지
고향이 어딘지
아무도 알려준 적 없지만
그는 하루 40km씩
죽음을 무릅쓰고 물길을 건너갔다

푸른
바다
거북

태어난 몇 마리만 오래 생존한다는
'푸른바다거북'

세포 하나하나
뼛속까지
파랗게
파랗게
그는 무엇을 숨 쉬고 있었을까

배롱나무 아래서

누가 이 작고 오래된 꽃나무 아래 의자를 놓았을까
통나무 반으로 쪼개 굴려 놓은 의자
그 사람도 여기쯤서 쉬어가고 싶었을까
분홍색 꽃나무 아래서
잠시 꽃이 되었을까
덧난 상처쯤 흐드러진 꽃그늘 아래서
봉숭아 물들이듯 싸매고 기다렸을까
나도 통나무 의자에 앉아 저만치 바라본다
어쩌면 아무것도 아닌
어쩌면 그 무엇도 아닌
한 줌의 바람인 것을
이 별과 저 별 사이에 잠깐 앉아보는 구름인 것을
다 안다는 듯이 나비 한 마리
푸르른 하늘을
꿈결처럼 날아간다

설날 아침

설날 아침
귀성객으로 분주한 서울역
그 역사 밖 길거리에
대여섯 명 노숙자
맨바닥에 빙 둘러앉아 있다
장수막걸리에 진로소주 몇 병, 새우깡을 펼쳐 놓고
하회탈 같은 남자에게서 손금을 본다

빠진 이가 더 많은 한 노숙자
하회탈 같은 남자가 그의 손금을 보며 뭐라고 그랬는지
갑자기 배를 잡고 뒹굴뒹굴 구르며 웃는다
그 옆의 노숙자도 따라 구르며 웃는다
그 바람에
장수막걸리 넘어지고 새우깡도 흩어진다

고향 가는 이들보다 더 기쁜 얼굴로 다시 장수막걸리 벌컥이며
더께 손들을 내밀고 보이지도 않는 손금을 보겠다고 덤벼드는 노숙자들
〈

그 사이사이 친구 같은 비둘기들 새우깡을 쪼아대고
그 사이사이 흰 눈발도 하늘에서 그들의 어깨에 내려앉는다

이명의 밤

귀는 소리만 듣는 것인 줄 알았다
살다 보니 귀는 소리를 내는 기능도 있었다
특히 밤이면 몇십 년 들어간 소리를
밖으로 내보내고 있다
여러 소리들을 어디로부터 길어내는지
재생시켜 들려주고
영화감독처럼
'컷 컷' 하며 밤을 토막 친다
두 귀를 막으면
'너는 언제 내게 듣기 좋은 소리냐고 물어 본 적 있느냐'며
'너도 나처럼 들어 보라'고 끝없이 소리를 내보낸다
그런데 나는 왜 이 대목에서
그 뉴스가 생각나는 것일까?
57년간 매맞고 살다가 홧김에 할아버지를 죽인 고흥 할머니가⋯
그리고 구속된 뒤에는
계속 되뇌었다는 '참을 걸, 참을 걸'이라는 말이⋯

나는 오늘 밤에도 그동안
마구잡이로 쏟아부었던 소리들이

베개로 흘러나와 나를 침몰시키려면
기꺼이 일어나
긴 밤을 왔다 갔다 하며
두 손으로 귀를 막지 않고
두 손으로 귀에게 용서를 빌 것이다
'참지 말라고, 참지 말라고'

정동진, 한 잔의 바다

기차를 달려 바다에 닿는다
비 오는 바다가 나를 맞는다
거친 이마에 손을 얹는다
오래 기다렸다는 듯 흰 이를 드러내며 가슴으로 엎어진다
왜 그렇게 사냐고
왜…그렇게…
철썩철썩 제 가슴을 치고 돌아가지 않는다
괜찮다고 달래 봐도 말을 듣지 않는 바다

친구 같은 스승
스승 같은 바다
바다가 있어 용서를 배운다
바다가 있어 물러섬을 배운다
바다가 있어 젖은 모래를 털고 일어날 줄 안다

바다가 건네는 한 잔의 삶을 마시고
나의 잔은 멀리 파도에 띄운다

출근길에

퇴근도 아닌 출근길
2호선 지하철에서
모르는 옆 좌석의 여자가
내 어깨에 기대어 깊은 잠에 빠져 있다
귀찮아 몇 번이고
그녀의 머리를 바로 세워 놓았지만
몇 분 지나지 않아 또 내 어깨에 머리를 떨구고 잔다

바로 세우는 것을 포기하고
가만히 생각해 보니
나도 여러 번 남의 어깨를 빌려 잠든 적이 있었다
 빌리고 고맙다고 인사하지 않았고 빌린 어깨를 갚지도 않았다
 오늘 바로 이 여자에게 그간 빌렸던 어깨를 갚는 날인가 보다

지하철 서사

오늘도 TV 뉴스에는
하루가 멀다 하고
가계 빚은 천조를 넘었다 하고
젊은이나 늙은이나 일자리가 없다 하고
아이들은 줄고 노인들은 많아진다는 데

출근길
지하철 차내의 광고는
주 5일에 월 3백 관리직 남녀노소 누구나 가능하다는 전단 밑에
떼인 돈을 이자까지 받아준다고 친절한 핸드폰 번호도 있고
무수한 빚 독촉을 착수금 5만 원 해결해 준다는 법무사도 있고
은퇴하고 노후를 걱정 말라며 월 2백은 거뜬히 거둔다는
1억에 3채 하는 집도 있다

서울 지하철에만 오르면 모든 뉴스에 해결사가 있어
아무 걱정도 없는데
마침 신도림역에서 물건 파는 한 아저씨 지하철에 오

르더니
 부도나서 1만 2천 원에 팔던 요술장갑을 단돈 2천 원에 판다며
 장갑을 돌리기 시작했다
 부도난 요술이라…

울지 마라 잘 있거라

볼일 보러 잠깐 떠났던 이북
길 막혀 두 딸을 두고 못 본지 육십여 년
어머니는 구순을 넘고
딸들은 칠순이 되어
이틀 동안 부둥켜안고 울다가
다시 남한으로 가는 버스에 올랐다
두 딸은 차창 밖에서 울며 엄마를 배웅하는데
노모는 울지도 않고
딸들에게 "울지 마라, 잘 있거라"
그 말밖에 모르는지
"울지 마라, 잘 있거라"
노래처럼 그 말만 되풀이한다
수십 년 마음속으로 되뇌었던 말
"울지 마라 잘 있거라"
남한 내려와 한시도 잊은 적 없던 말
사시사철 밤하늘 별들이 반짝거릴 때
텅 빈 마루에 홀로 앉아 북쪽 하늘로 되뇌이던 말

울지 마라, 잘 있거라
울지 마라, 잘 있거라
〈

마른 손만 흔들며…

* 남북 가족 상봉 장면에서.

짐

짐을 끄는 것은 짐일까?

광명 사거리 한 복판에
폐지 가득 싣고 가던 리어카
그 리어카 놓쳐 버린
백발의 칠순 노인
사거리 오가지 못하는 이들의
클랙슨으로 환하다
마침 그 길 지나던 몇몇 사람들 몇 개의 박스 더미 주워 올리고
갓길로 리어카 끌어내니
광명사거리 다시 길이 되고
새털 같은 노인
울 듯 말 듯
보일 듯 말 듯
다시 짐을 끈다

노인을 끄는 것은 짐일까?

나를 놓치다

언제부터인지 알고는 있나
흥정하고부터 인가
아부하고부터 인가
아무튼 무엇을 얻으려 했겠지
나를 버리고 너를 얻지도 못하면서
너를 놓치고 나를 잡지도 못하면서
떠나간 나는 이제 남은 나를 찾지 않는다
이제
서로
다른 사람이 된 것을 알고 있다
남은 나도 놓친 나를 찾지 못한다
나로부터 너무 멀리 와
내가 잠시 나를 찾아와도 모른 척 보낸다
서로의 말을 잘 알아듣지 못하므로
서로의 몸짓도 너무 다름으로
언제 내가 '나'라는 이름으로 옷을 입었는지
그 기억마저 흐릿할 뿐

카페섬

파도는 섬 발등에 온종일 닿아 본다
등대 불빛을 태운 파도
굽은 등을 뒤척이며 곧 되짚을 길 숨차게 온다
섬에 서서
허리 패인 섬을 멀리 바라보며
떠나서야 가깝게 보이는 것들을 헤아린다

문득 어깨를 부풀리는
늑골 밑에 찬 기억들
불빛에 비를 보태고
양철 문짝에 매달린 카페 '섬'
아귀 틀린 바람이 몰아대는
낡은 비명에
간판 천막처럼 몸을 맡긴 사람들
꿈꾸는 바다,
침몰하는 곳이 보이지 않는다

유리창 너머 구명보트도 없이
발목을 묶인 사람들 넘나들고
제각기 가지고 온 모래알로 깔깔한 목젖
파도는 날마다

물을 조금씩 나르고
묻은 모래를 조금씩 덜어내 섬을 만든다

파도가 아니면 섬을 만날 수 없다

몸에게 고하다

고통의 바다를 헤엄쳐 왔다고 생각했는데
몸은 아직 그 바다에 떠 있다
낭떠러지 절벽을 지나왔다 생각했는데
몸은 아직 그 절벽을 지나고 있다
몸은 나보다 솔직하다
몸은 나보다 미련하다
몸은 나보다 인간적이다
'괜찮다 괜찮다' 했는데
몸은 귀가 먹었나보다
몸은 이제서 말을 한다
아니 내가 귀가 멀었었구나
이제야 너의 소리를 듣는다
너도 나만큼 아팠음을
너도 나만큼 간절했음을
몸아, 같이 가자
몸아, 쉬었다 가자

석주

얼마나 오랜 세월 눈물이 마르지 않으면 돌이 될까
얼마나 깊이 눈물을 품으면 기둥이 될까
수많은 바람을 보내고서야
석순의 머리와 종유석의 발목이 만나 몸을 이뤘다

나뭇잎보다 가벼운 생들이 모여
바람보다 쓸쓸한 길을 지나는 세상에
먼지보다 작은 점들이 쌓여
단단한 기다림 하나
보이려고

종유석의 발가락을 만지며
문득 '끄트머리'라는 말을 생각한다

* 석주는 종유석과 석순이 자라나다 결국엔 서로 만나 하나의 기둥 모양을 형성하는 석회 동굴 돌기둥(a pillar of stone)이다.

석양 여행

찰나의 생
온몸 허방다리 만들러
수십 년 바람 채웠나
창밖 석양 바라보니
채운 바람 비워내고 길 떠나고 싶다
바람 다 비우면
붉은 석양 옷 한 벌 해 입고
저 하늘 구름이고 싶다
길거리 입간판 공기인형처럼
세상모르고 펄럭이다
어느 날
주인이 바람 빼면 스르르 펄썩 주저앉을
허방다리 다 버리고

그대에게 쓰는 편지

너무 가까이 있어
그대를 알지 못하다가
그대 멀리 떠나오니
낮은 목소리 들리네
외줄을 건널 때도
그대는 저편에서 줄을 잡았고
축제 속 춤출 때에도
한 사람의 군중이었네
떠나도 떠나지 않던 눈
놓아도 놓지 않던 손
멈추어도 멈추지 않던 숨으로
내 생을 듣고 있네
이명耳鳴처럼 들리는
너의 손짓
긴 밤 서리에 바람으로 흔들리다가
호숫가에 다다른 나뭇잎처럼
저 섬 가기 위해 수없이 노를 저어주는
그대,
시여
그치지 않는 외침이여
영원한 벗이여

※ 해 설

인간미 넘치는 성정의 시, 그 넓은 강

이영춘(시인)

강밖에 길이 없어
헤엄쳐 강을 건너곤 한다
강을 건너와서
다시 강을 바라보면
정말 길이 강밖에 없었던가 하고
미련한 질문을 던져 본다
- 장상옥 「강을 건넜습니다」 중에서

1. 따뜻한 성정의 시 세계

　우리의 인생살이는 흔히 '큰 강을 건너거나 바다를 건너가는 일'에 비유되기도 한다. 장상옥 시인의 이 시도 그런 뜻으로 어필되어 서두에 올려보았다. 인생은 큰 파도의 무게, 그 무게만큼이나 어려움이 많을 때도 있다. 그러나 우리 인간은 그것을 지혜와 슬기로 하나하나 헤쳐 나아가면서 오늘도 묵묵히 긴 강을 건너가고 있다. 장상옥 시인은 이렇게 인생 바다를 건너오면서 보고 느끼고 생각하고 반성하면서 문창과 출신답게 좋은 시를 탄생시켜 내고 있다. 그의 시를 읽으면서 가장 먼저 장상옥 시인의 인간적인 면모에 마음이 머문 것은 그의 따뜻한 인성이었다. 인성은 인간의 본성 중 가장 으뜸이 되는 인仁의 사상에서 유래되는 것이 아니겠는가.

  우리는 종종 타인의 시를 읽으면서 자신을 반성하기도 하고 돌아보기도 할 때가 많다. 그래서 예로부터 선비들은 예술작품에서 교훈성을 강조했던 것 같다. 장상옥 시인의 시를 읽으면서 문득 그런 사유와 이치를 깨달았다. 장상옥 시인의 작품은 소외된 것들에 대하여, 가난한 자들에 대하여 측은지심의 성정으로 정의情意를 노래한 작품이 많다. 즉 그런 시적 대상에 대하여 애틋한 눈길과 손길의 심정을 담은 작품이 많다는 뜻이다. 이것은 곧 장상옥 시인의 따뜻한 인간미를 나타내는 인성의 발로라 해야 할 것이다. 측은지심은 인간의 본성 중 가장 어진 인지단仁之端에서 발현된다고 하지 않았던가. 특히 인仁의 단端인 측은惻隱의 경우는 '물아일체'의 성정이다. 즉 나와 남이 하나가 되는 경우라고 이론가들은 설명한다. 장상옥 시인이 이렇게 객체와 나我가 하나 되는 마음은 길거리에서, 지하도에서 이웃에게서 등 수없이 나타난다. 바쁜 일상 속에서 이렇게 어려운 이웃들에게 눈길이 머물 수 있다는 것은 그만큼 따뜻한 인간미를 지닌 정의가 있기 때문이다. 그러므로 장상옥은 인간적인 혹은 인간미가 넘치는 시인이다. 시란 인간다움의 도를 닦기 위해 쓰는 글이다. 그래서 "시는 도道"라고 역설하는 이유이기도 하다. 우선 「소래포구」란 작품과 「하루」란 작품부터 감상해 보고자 한다.

    사람들 저마다 목마른 바다 하나씩
    길어내다 돌아서는 포구엔
    한나절 그물에 작살되어 펄떡이던 해 바다를 건너가고
    서녘 하늘 힘 부친 사람들의 눈그늘로 붉게 물든다

    아직 신명 못다 푼 아낙네
    해그늘 깊이 몸 던져 팔뚝만 한 바다를 건져 오지만
    도시 사람 되짚어 간 자리에 쏟아내면
    청갈치 톱니바람 먼저 달겨와
    아낙의 가슴섶을 헤치고 있다

    소금 밴 닻줄 내리는 밤
    개펄의 아낙은 낙지 따라 발목 추스르고
    해풍에 등 굽은 사내, 바닷내 물컹이는 그물 기워
    갯바람 베고 잠든 아이의 머리맡으로
    밤새도록 만선의 꿈 가득 실어 나르는 곳

-「소래포구」 전문

 소래포구는 인천 남동구 논현동에 위치한 포구이다. 장상옥 시인은 아마 삶이 힘들 때마다 혹은 인생이 허虛할 때마다 이 포구를 찾아가는가 보다. 그 포구에서 힘들게 사는 사람들의 모습을 바라보면서 자신의 인생을 되돌아보기도 하고 회의하기도 하면서 새로운 기운을 얻어 돌아옴을 암시하는 시로 시적 승화가 일품이다. 특히 1연에서 "사람들 저마다 목마른 바다 하나씩/길어내다 돌아서는 포구"라는 시상에서는 가슴이 먹먹해지도록 애련함을 동반한다. 또한 노을이 지는 "서녘 하늘"과 "힘 부친 사람들의 눈그늘로 붉게 물든다"의 매치는 한 폭의 그림을 감상하듯 배경 묘사가 절창이다. 특히 3연에서는 힘든 어부들의 생활 모습을 그려냄과 동시에 희망적인 메타포로 다가오는 것은 "갯바람 베고 잠든 아이의 머리맡으로/밤새도록 만선의 꿈 가득 실어 나르는 곳"이란 표현이다.
 보통 포구나 바다는 낭만적인 시로 승화되기도 하지만 장상옥의 이 시 「소래포구」는 인생의 아픔과 어두운 이미지의 심상으로 우리 인생에 대하여, 서민들의 삶에 대하여 많은 생각을 유발케 하는 시로 그 감동의 파장이 넓고 크다.

늦은 밤

그을음 가득한 진주식당의 주인은

전기밥통 옆에

새우처럼 졸고 있다

십이월 네온은 제 흥에 겨워

유리창마다 성탄카드를 그리는 밤

눈가에 칼바람 맞은 사내들이

내장탕 붉은 문을 밀고 들어왔다

종일 누구의 내장을 채우기 위해

저들은 곤했을까

구불구불 키 높은 담 지나

간 절은 의자에 몸을 부리고

꼬불꼬불 또아린 내장탕 앞에

흰 등골들이 모여

소주잔을 기울인다

졸던 주인 손에 헹궈진 내장은

사내들을 덥히기 위해

사지가 시끄럽고

마주 앉은 사람마다

몇 잔의 썩어 문드러진 날숨으로

댓 평의 내부는 뜨겁다

하루란 덜어낸 내장만큼

파먹는 일이거나

너덜너덜한 내장을 건져보는 일이거나

-「하루란」 전문

  이 시는 작자가 시적인 대상을 아프게 바라보는 시선이 놀랍기만 하다. 그래서 시인을 일러 '견자見者'의 눈을 가진 자라고 하나 보다. 장상옥 시인은 하루의 일과나 노동을 마치고 식당이나 술집을 찾아든 사람들의 모습을 생생하게 그려냈기 때문이다. "구불구불 키 높은 담 지나/간 절은 의자에 몸을 부리고/꼬불꼬불 또아린 내장탕 앞에 휜 등골들이 모여/소주잔을 기울인다"는 표현과 같이 하루의 일과를 마친 노동자들의 삶을 너덜너덜한 내장탕에 비유하여 승화시킨 것이다. 그래서 이 시는 더욱 아프게 읽힌다. 하루하루 우리 민초들의 삶을 더 이상 어떻게 표현할 수 있으랴! 사실 장상옥 시인도 오랫동안 직장생활을 하면서 하루하루의 일과가 끝나면 너덜너덜해진 내장탕같이 힘들고 팍팍해진 삶을 경험했을 것이다. 그러므로 이 시는 힘든 노동자들에 대한 동질감을 느끼게 하는 시적 확장

성이 그 공감대의 폭을 더욱 높이고 있다. "눈가에 칼바람 맞은 사내들이/내장탕 붉은 문을 밀고 들어왔다/종일 누구의 내장을 채우기 위해/저들은 곤했을까"라는 진술 앞에서는 마냥 먹먹하기만 하다. 좋은 시는 이렇게 깊은 감동으로 함께 아파하고 함께 울 수 있는 시를 이름謂이다.

> 평당 몇천이 넘는
>
> 고층 아파트 다 들어서고
>
> 재개발에서 빠진
>
> 아현동 뒷골목
>
> 간판도 없는 작은 가겟집
>
> 누런 종이에 써 붙인 글씨
>
> **삐뚤 빼뚤**
>
> '사글세잇습니다' 문구를 읽다가
>
> 문득
>
> 어떤 이의 무릎뼈가
>
> 등골이
>
> 한 달 삭아야만
>
> 한 달 버텨내는
>
> 슬픈세
>
> 사글세
>
> 삭을세

사글세

　　　　　　　　　　-「사글세」 전문

　가슴 찡한 민초들의 삶의 애환, 그 단면이다. "무릎뼈가/등골이/한 달 삭아야만/한 달 버텨내는/슬픈세"다. 아, 더 비약적이고 상징적으로 상상한다면 "슬픈세"는 곧 '슬픈 새' '슬픈 민초들'이다. 허공을 떠도는 '슬픈 새' 우리 주위에는 이렇게 슬픈 새들, 삭아가는 '삭을 새'들이 얼마나 많은가? 장상옥 시인의 이런 기발한 발상과 갸륵한 성정을 담은 시는 이번 시집의 도처에서 만나게 된다.

　　달도 없는 밤
　　명동지하도

　　서둘러
　　집으로 돌아가는 사람들 사이

　　낮 동안 거리 떠돌던 노숙자들
　　빈 박스 하나씩 깔고 누워 있다

　　나뒹구는 소주병과 지린내 자욱한
　　비상용 모래함 옆

검은 보자기 머리에 쓰고

검은 두루마기 차림에

보름달 빵 먹는 여자 있다

달도 없는 보름달 빵

두 손 바쳐 먹는 여자

오가는 이 바라보며

산 깊은 절의 보살처럼

엷은 미소 지으며

물도 없이

보름달 빵 먹는 여자

어제도

오늘도

딱 옷 한 벌 들었을 보따리 옆에 놓고

산나물 공양하듯

보름달 빵 먹는 여자

지하도 빠져나오니

달

여전히

보이지 않네

- 「명동지하도 보름달」 전문

　지하도에서 사는 한 노숙자의 단면을 리얼하게 그려내고 있다. "물도 없이" 둥근 빵을 먹고 있는 한 여성 노숙자의 모습이다. 노숙자들의 생활 모습을 그대로 그려놓은 듯 처연하다. '둥근 빵을 달'에 비유한 발상이 일품이다. 그러나 그 노숙자에게 한 조각의 빵은 있는데 "지하도를 빠져나와도 여전히" 희망 같은 보름달은 "보이지 않"는다고 절망적인 상황을 대치하여 암시한다. 이런 현상들이 바로 오늘 우리의 이웃이자 장상옥 시인의 마음에 머무는 측은지심의 대상들이다. 그래서 그의 시는 따뜻하고 훈훈하여 인간미가 넘친다. 「하지夏至」란 작품은 또 어떤 정서의 발로일까?

지하도에 잠자는 노숙자의 발이

이불 밖으로 나왔다

병病으로 보내 버린 두 해를 털 듯

싫도록 부려놓은 햇볕에

늦은 빨래를 넌다

〈

거칠어진 손과

단숨에 몇 년이 지난 것 같은

유리에 비친 내 얼굴

문득

멀리 있는

친구의 소식이 그리워

창원에 붐비지 않던 주막의 주모처럼

열무 소면을 말아먹고

부칠 수 없는 편지 몇 자 적다 보니

밤이 깊지도 않고 새벽이 왔다

-「하지夏至」 전문

 장상옥 시인의 이 시「하지夏至」는 매우 의미 깊은 의미망으로 축조된 시다. 첫 연에서는 "지하도에 잠자는 노숙자의 발이/이불 밖으로 나왔다"고 '노숙자'의 형상을 제시한다. 그러나 2연에서부터는 작자 자신의 서사가 전개된다. 노숙자가 이 사회의 단절, 혹은 소외된 공간 속에서 살듯이 작자도 아팠던 시간을 삶의 현장에서 밀려나 있었던 시간, 혹은 단절의 시간, 소외되었던 시간으로 매치한다. 그리고 그 잃어버렸던 시간을 '자화상'을 찾듯 되돌아본다. 이 시의 끝 행에서 1년 중 가장 낮이 길고 밤이 짧다는 '하지'를 연상하여 "밤이 깊지도 않고 새벽이 왔다"고 역설한다. 이 시, 「하지夏至」는 모든 것이 깊어지기도 전에 떨어진다는 뜻과 함께 인생을 알기도 전에 마무리된다는 의미를 함의하고 있다. 인생의 허무함과 허망함을 암시한 사유思惟로 시의 미학적 여운을 동반한다. 그러므로 맨 끝 행의 "밤이 깊지도 않고 새벽이 왔다"가 이번 시집의 제목이 되기도 하였을 것이다.

장상옥 시인의 따뜻한 인간애, 인간미가 풍기는 작품은 이번 시집의 대부분을 차지하고 있다. 「소래포구」를 비롯하여 「지하철 서사」, 「설날 아침」, 「속초희망 번지수」, 「벽제 목소리만 남았네」, 「기봉이네 불닭발 집」을 비롯하여 포장마차로 생계를 이어가는 「그 남자, 그 여자」, 「속초에서」, 「기사식당, 김씨」, 「국밥과 막걸리」 등 노동자와 노숙자, 그늘에 사는 사람들의 모습에 장상옥 시인의 시선은 머물러 있다. 그러므로 그의 시는 참으로 인간적이다. "글은 곧 그 사람이다."라고 정의한 학자들의 말처럼 장상옥 시인이 어떤 인간성을 지닌 소유자란 것을 인식할 수 있는 반증이기도 하다.

"떠난 사람/벗고 간 짐은/남아 있는 사람의/삶의 이유가 되는가"//"어린것 두고 떠난 사람이나/곧 온다는 사람은 기다리지 않는다/살아 보니/뱃길만 험한 것이 아니고/겪어 보니/파도만 탓할 것도 아니다"//(「속초에서」)란 작품의 한 부분이다. 만남과 이별을 주제로 하여 암시적 묵시적으로 시적 의미와 여운을 상승시키고 있다. 어딘가 쓸쓸하고 허虛한 정서가 쩡한 울림으로 깊은 사유를 동반한다.

이와 같이 장상옥 시인의 서민에 대한 의식과 애착, 소외계층에 대한 동병상련의 의식은 시의 곳곳에서 형상화되고 있다. 「기사식당, 김 씨」에서는 "일당 오만 원에 꺾는 수백 번의 몸짓"으로 호객행위를 하는 민초의 모습을 그려낸 작품이다. 「궁금한 천 씨」에서는 "천 씨가 가겟집/외상값을 갚는 날은/동네에서 상여喪輿가 나갔다"에서 암시되듯 '염殮쟁이'로 살아가는 한 서민의 생활상을 그려내고 있다. 그리고 이 시의 끝 연에서는 인생에 대하여 혹은 죽음에 대하여 많은 의문부호를 던진다. "그의 염殮은 누가 했을까"가 그것이다.

이렇게 장상옥 시인의 시선은 우리 사회의 그늘진 곳, 어두운 곳에서 생활하는 민초들의 생활상이 시의 중심을 이루고 있다. 아니다. 그네들, 민초들의 아픔과 슬픔과 고통을 함께 공유하고 알리듯 이 지상에 던지고 있다. 그래서 그의 시가 함의한 따뜻한 인간애는 아름다우면서도 슬프고 아프고 애틋하다. 이렇게 시인이 존재해야 할 곳에 장상옥 시인은 서 있다. 왜냐하면 시인은 한 시대, 혹은 한 사회의 그늘진 곳에서 울고 있는 민초들의 울음을 대신 울어줘야 할 책무가 있기 때문이다. 그것이 시인의 사명이다. 그것이 인류 보편적 가치로 내려오는 시인의 역할이다. 장상옥 시인의 인간애가 가장 직접적 서사로 나타난 시 한 편을 감상하면서 우리들 자신을 되돌아보자.

    회사 앞 편의점 옆에
    안면 있는 노숙자가 있었다
    "추운데 국밥이나 사서 드세요"
    가끔 만나면 돈을 주었다

    하루는 편의점 직원이 나오더니
    "돈 주지 마세요 국밥도 안 사 먹고 그 돈, 술 다 사 먹어요"
    그다음부터는 뜨거운 컵라면과 우유를 사다 주었다

    언제부터인가 그 노숙자는 보이지 않았다
    가끔 편의점에 들러 물어보았지만

겨울이 끝나도록 오지 않았다

그가 앉아 있던 자리를 보며

컵라면과 막걸리를 같이 주었어야 했는데 하고…

- 「국밥과 막걸리」 전문

장상옥 시인이 노숙자를 배려하는 행위가 직접적으로 나타난 시다. "추운데 국밥이나 사서 드세요"/가끔 만나면 돈을 주었다고 고백한다. 그런데 어느 날 편의점 주인이 "국밥도 안 사 먹고 그 돈으로 다 술을 사 먹는다"고 돈을 주지 말라는 것이다. 장상옥은 편의점 주인 말 대로 돈 대신 "뜨거운 컵라면과 우유를 사다 주었다." 그런데 어느 날부터인가 그 '노숙자'가 사라진 것이다. 부재한 노숙자에 대한 후회의 심정을 직설적으로 표출하고 있다. "컵라면과 막걸리를 같이 사다 주었어야 했는데…"라면서 자신의 행위가 그 노숙자를 배려하는 마음에 다 미치지 못했던 점을 후회하는 것이다. 후회의 이면에 흐르는 장상옥의 인간애와 인간미를 우리는 교훈으로 본받아야 할 여백으로 남는다.

그리고 우리가 또 지하철에서 종종 경험할 수 있는 일화逸話 같은 사건을 장상옥 시인은 어떻게 대처하고 있는지 그의 시를 귀감으로 반성하면서 감상해 보자.

퇴근도 아닌 출근길

2호선 지하철에서

모르는 옆 좌석의 여자가

내 어깨에 기대어 깊은 잠에 빠져있다

귀찮아 몇 번이고

그녀의 머리를 바로 세워 놓았지만

몇 분 지나지 않아 또 내 어깨에 머리를 떨구고 잔다

바로 세우는 것을 포기하고

가만히 생각해 보니

나도 여러 번 남의 어깨를 빌려 잠든 적이 있었다

빌리고 고맙다고 인사하지 않았고 빌린 어깨를 갚지도 않았다

오늘 바로 이 여자에게 그간 빌렸던 어깨를 갚는 날인가 보다

- 「출근길에」 전문

    우리는 흔히 보편적 진리나 가치에 대해 말할 때가 있다. 보편적 진리란 우리들의 삶 속에서 시대와 문화를 초월하여 소중하게 이해되는 기본적 가치관을 의미한다. 이 시도 일상 속에서 일어날 수 있는 평범한 이야기다. 화자는 다른 사람의 행위를 통하여 나 자신을 돌아보고 반성

하는 역지사지의 행동을 취함으로써 큰 의미를 부여한다. 우리는 이렇게 상대의 처지를 나의 입장으로 바꾸어 생각하면 모든 일들이 쉽게 이해되고 해석될 수 있다. 그러나 인간은 언제나 자기중심적으로 상대를 바라보고 평가하고 고집한다. 오늘날 우리 사회에 만연된 '네로남불'의 양상은 그 도를 넘고 있지 아니한가! 그러므로 장상옥의 이 시는 교훈적 가치와 진리를 담은 참 아름다운 마음을 담은 좋은 시로 우뚝하다.

2. 胎의 집, 그곳으로 가는 길

장상옥 시인의 시를 읽다 보면 가슴 찡하게 울리는 시가 많다. "시는 정서를 뿌리로 한다"는 백거이白居易의 이론이 중요한 이유이다. 그렇다. 모든 예술은 '정서'에서 출발한다. 정서가 없는 시는 혼이 없는 언어와 같다. 장상옥 시인의 정서적 충격을 주는 시를 감상하며 그 정서의 뿌리에 가 닿아 보자.

> 오늘은 아버지 기일, 설핏 든 내 잠 속에 오셨네
> 시퍼런 강 사이에 두고 맨발로 서 계셨네
> 일어나 꺼내 본 사진 속의 아버지

주름마다 녹슨 철조망인데

저승에서도 길 막혀 영변 아직 못 가셨나

당신 어머니 무른 눈으로 아들 기다리실 약산에

흙이 되어서도 닿으시겠다더니

물살 센 강가에서 다리 놓을 돌을 고르시나

한평생 걸려 교문리 비탈길에 여장 푸신 아버지

누울 수 없어 숨 멎은 땅 흔드시네

깨어나라 일어나라 하시네

- 「기일忌日」 전문

   화자인 장상옥은 아버지의 '기일忌日'을 맞아 꿈속에서 아버지를 만난다. 아버지에 대한 그리움이 그만큼 간절했음의 상징이다. 장상옥의 아버지를 기리는 또 다른 시 「집, 그곳으로 가는 길」에서 구체적으로 표현되었듯이 "북에서 남으로 총탄을 맞으며" 월남하신 아버지다. 이것은 바로 우리 현대사의 비극적 상흔이다. 그 아버지의 기구한 삶을 그려낸 시가 바로 오늘날 우리나라 현대사의 한 증표 같은 아버지에 대한 서사다. 그러므로 이 시는 현대사의 큰 강물 줄기로 통곡의 강을 이룬다. 그래서 이 시는 아프고 처절하다. 꿈속에서 "일어나 꺼내 본 사진 속의 아버지/주름마다 녹슨 철조망인데/저승에서도 갈 길 막혀 영변에 아직 못 가셨나"라고 아버지의 애통함을 곡哭하듯 읊조리고 있다. 「집, 그곳으로 가는 길」이란 구체성을 나타낸 작품을 더 감상해 보겠다.

> 북에서 남으로 도망치느라 다리에 총탄을 맞았다는 아버지
> 그 몸으로 대동강을 건넜다고 했던가
> 한탄강을 건넜다고 했던가
> 빤스 바람이었다고 했지
> 뒤돌아보지 말고
> 무조건 도망가라고 모친이 울부짖었다고
>
> 남에서도 무능한 가장으로 이리저리 쫓겨만 다니다가
> 가까스로 자리 잡은 진안삼거리 비탈길 공동묘지
> 찾는 이도 없이 반백 년 지내다가
> 거기서도 이사하던 날
>
> 따르는 것은 바람뿐
>
> 세상 근심 다 벗은 몸 가져다가
> 휴전선 가까이 철원에 묻었다
>
> 땅도 가까워지고 하늘도 가까워진 북쪽
> 너무 오래 머물지 않다가

고향 가게 해 달라고

생전 아버지 나이도 한참 지난 두 딸이 꾸벅 절을 올린다

'아버지 집으로 가는 길 우선 몇 걸음 더 가까워졌다고'

— 「집, 그곳으로 가는 길」 전문

「집, 그곳으로 가는 길」은 곧 인간이 나서 자란 태胎를 묻은 고향으로 찾아가는 길이다. 화자의 아버지는 이미 돌아가셨지만 그 혼은 살아 고향을 향해 가는 의식의 시상 전개다. 아니 역사의 거대한 기록의 전개다. "무조건 도망쳐 내려온" 남한 땅에서도 "무능한 가장으로 이리저리 쫓겨만 다니다가/가까스로 자리 잡은 진안삼거리 비탈길 공동묘지"가 겨우 아버지의 집이 되었다는 서사는 눈물겹다. 겨레의 상흔이자 역사의 한 장章과 장場의 묘사로 장상옥 시인의 시적 역량의 확장성을 엿볼 수 있는 걸작이다. 「집, 그곳으로 가는 길」은 곧 아버지의 혼魂을 좀 더 가까운 아버지의 고향인 북쪽으로, 아니 아버지의 어머니가 계신 북쪽으로 모시려는 화자의 심정이 너무나도 애틋하고 간절하여 전율이 인다. 아니 독자들을 큰 파장으로 몰고 간다는 표현이 적절하리라. 서정시란 이렇게 울림이 컸을 때 그 시의 효과를 극대화시키는 마력이 있다. 「철든 슬픔」은 또 어떤 애통함일까?

오십여 년 전

아버지

남양주 진안삼거리에 묻을 때

슬픔도 잘 몰라

나비를 쫓아 웃기도 했다

이제 아버지의 생전 나이도 훨씬 지난 딸

다시 이장을 한다

질긴 칡덩굴 잡고 고향 가시려는지

삽 든 이들은

한 삽 한 삽 내려가며 뒤엉켜 있던 칡덩굴을 쳐내고

해탈한 것처럼 몸 다 벗어버린 아버지 만나

'육탈이 잘 됐다' 하며

작은 상자에 담아 주었다

살 다 버린 뼈

살다 버린 뼈

처음으로 아버지를 가슴에 안고

인천 화장장 거쳐

철원 싸리골에 묻었다

〈

아버지,

그토록 바라던 고향 영변의 어머니 곁에 눕지 못하고

북으로만 한걸음 가까이 갔다

아직도 바람만 자유로운 하늘을 올려다보며

오늘 밤 아버지,

철원의 하늘과 수목과 한잔하고

영변의 약산 진달래길 올라 그립던 어머님 만나 보시려나

저 멀리

새 한 마리 날고

내겐 지금도 슬픔이 없다

-「철든 슬픔」전문

 남과 북으로 갈린 전쟁의 상흔, 아니 이데올로기의 한복판에서 혈육이 갈리고 핏줄이 갈라진 그 이면이 아프게 다가온다. 월남한 아버지가 이리저리 떠돌며 사시다가「집, 그곳으로 가는 길」에서 암시되었듯이 "진안삼거리 비탈길 공동묘지"에 묻혔었다. 그 아버지를 고향이 한 발자국이라도 더 가까운 "철원 싸리골"로 이장하는 화자의 회한이 극적이다. 작자는「철든 슬픔」이라는 반어적 어법으로 묘

지 이장 장면을 담담한 듯 객관적 시선으로 그려내고 있다. 하지만 그 내면에 흐르는 슬픔의 강은 하늘을 덮는다. 그 슬픔의 비극적 정서가 시적 승화의 절정을 이루기 때문이다. 2연 3연에서 인부들의 대화를 통해 알 수 있듯이 유골이 된 아버지의 이미지가 선명하게 묘사되어 가장 시적이면서도 극적인 묘사로 절창을 이룬다. 또한 아버지의 생을 의미 있는 띄어쓰기로 구성하여 "살 다 버린 뼈/ 살다 버린 뼈"라고 배치해 놓음으로써 시의 극적인 효과를 동반한다. 끝부분에 이르러서는 아버지의 입장을 빌어 "아직도 바람만 자유로운 하늘을 올려다보며/오늘 밤 아버지,/철원의 하늘과 수목과 한잔 하고/영변의 약산 진달래길 올라 그립던 어머님 만나 보시려나"라고 처리한 이 여운은 오래오래 아버지의 모습을 연상케 한다. 아버지의 인생, 비극적 삶 뒤에 찾아오는 시적 정화catharsis가 미학적, 문학적으로 완성도가 높은 수작秀作을 이뤄냈다.

3. 사랑하는 것과 그리움의 정서

다음 소개하고자 하는 두 편의 시는 장상옥 시인의 내면적인 그리움의 정서와 시를 사랑하고 시와 함께 사는 인식이 잘 승화된 시다. 또한 이 두 편의 시는 시의 외형성인 형식과 시의 내면성인 주제가 잘 조화되어 직조된 시다. 마치 T. S. Eliot가 "시는 형식과 내용의 등가물이다."라고 역설한 바와 같이 「그대에게 쓰는 편지」는 시에 대한 애착과 열정을 마치 사랑하는 사람에게 보내는 편지 형식으로 형상화한 시다. 그러므로 장상옥 시인의 올곧은 시에 대한 사랑과 시 정신을 엿볼 수 있다. 그리고 「그리운 것들은 비에 젖지 않는다」 이 시는 어떤 '그리움'에 대한 정서로 그 '그리움'은 살아갈수록 더욱더 그리워진다는 주제를 형상화하고 있다.

    너무 가까이 있어

    그대를 알지 못하다가

    그대 멀리 떠나오니

    낮은 목소리 들리네

    외줄을 건널 때도

    그대는 저편에서 줄을 잡았고

    축제 속 춤출 때에도

    한 사람의 군중이었네

    떠나도 떠나지 않던 눈

    놓아도 놓지 않던 손

    멈추어도 멈추지 않던 숨으로

    내 생을 듣고 있네

    이명耳鳴처럼 들리는

너의 손짓

긴 밤 서리에 바람으로 흔들리다가

호숫가에 다다른 나뭇잎처럼

저 섬 가기 위해 수없이 노를 저어주는

그대,

시여

그치지 않는 외침이여

영원한 벗이여

　　　　　　　　　-「그대에게 쓰는 편지」전문

가슴뼈 켜켜이

숨죽지 않는 그리움으로

저며본 사람은 알리라

세상의 모든 그리움들

하늘 멍들이다가

그리운 이 창마다

쏟아지는 것을

날 선 그리움들

하늘 열고 창을 두드리지만

〈

그리운 것들은

비에 젖지 않는다

- 「그리운 것들은 비에 젖지 않는다」 전문

　전제한 바와 같이 이 두 편의 시는 장상옥 시인의 내면적 의식이 가장 잘 승화된 시다. 「그대에게 쓰는 편지」는 마치 장상옥 시인의 삶의 모토가 되기도 하는 '자화상'과도 같은 시로 인식해도 좋을 듯하다. 장상옥 시인의 시에 대한 열정은 시와 함께 살고 시와 함께 호흡한다. 그러므로 이 시는 동반자와도 같은 '시'를 객관적 대상인 '그대'로 의인화하여 그대에게 사랑의 편지를 쓰는 형식을 취하고 있다. 시에 대하여 이만한 열정이라면 태산을 옮기고도 남을 만하다. 장상옥 시인의 시에 대한 사랑은 유토피아적 사랑 이상으로 섬세하고 황홀하게 승화되어 있다. 그러므로 이 시는 군더더기 없이 옹골차기만 하다. 그 옹골참 속에 시적 긴장감을 유지하고 있어 더욱 시적 완성도가 높은 수작이다. "외줄을 건널 때도/그대는 저편에서 줄을 잡았고" "저 섬 가기 위해 수없이 노를 저어주는 그대,/시여"라는 호명에 이르러서는 장상옥 시인의 시에 대한 그 열정과 사랑은 상상을 초월할 만큼 시의 위대함과 시의 미학적 경지가 하늘에 닿는 듯하다.

「그리운 것들은 비에 젖지 않는다」는 이 시의 주제는 '그리움'이다. 얼마나 그리우면 빗물 속에서도 그 "빗물에 젖지 않는다"는 발상이었을까! 장상옥 시인에게 언젠가 이 시를 쓰게 된 모티브는 무엇이었느냐고 물었던 적이 있다. 청천벽력 같은 대답을 들었다. 수족같이 지내던 친구의 갑작스런 죽음의 충격에서 쓰게 되었다고. 친구의 죽음은 "궁금한 이야기"라는 프로에서 다뤄졌는데 남해고속도로에서 보복 운전으로 사고를 당해 사망했다."는 것이다. 그런데 장상옥 시인은 시간이 갈수록 그 친구가 더 그리워진다는 것이다. 필자도 그 말을 듣고 멍하니 먼 하늘만 쳐다보았다. 그러므로 이 시의 '그리움'은 아픔의 그리움이다. 옆에 있던 한 사람을 잃는다는 것, 그것은 내 가슴 한쪽을 잃는 것 이상의 아픔이다. 이런 충격과 그리움 속에서도 적절한 감정 절제로 이 시를 고고하고 웅숭깊게 그려낸 기법이 놀랍기만 하다.

4. 또 다른 문

글을 쓴다는 것에 대해 모리스 블랑쇼는 이렇게 말하고 있다. "글을 쓴다는 것은 끝나지 않은 자신의 발견이라 할 때 이 영역에 들어서는 작가는 보편적인 것을 향해 자신을 넘어서지 않는다." 또한 "글을 쓴다는 것은 부재한 시간의 매혹에 자신을 맡기는 일이다."라고 역설한다.

  장상옥 시인은 이와 같이 부재한 시간에 대하여, 자신의 발견을 위하여, 보편적인 혹은 일상적인 생활 속에서 끊임없이 시적 대상이 되는 제재를 발견하고 사유하면서 사건이나 사물과의 대화를 통하여 시를 창작해 낸다. 시인을 일러 견자, 혹은 사물에서 생명의 소리를 듣는 청자라 할 때, 장상옥 시인의 눈과 귀는 최고의 '발견의 눈'과 '청자의 귀'를 가진 시인이다. 그런 그의 작품들의 내용은 가슴 찡한 울림과 여운으로 서정시의 비극성을 잘 살려내고 있다. 파도와도 같고 험준한 고갯마루와도 같은 인생살이를 상징한 시를 더 감상해 보자. 아니 인생의「언덕을 넘어가는 법」을 인지하고 배워 보자.

    스승은 병 잡혀 산골에 사신다
    S자로 굽어진
    비탈길은 내려가 뵙고
    다시 오르려는 언덕길
    아스팔트 미끄러지듯 달려온 승용차
    굽은 길을 펴지 못하고
    같은 자리에 멈추고 만다
    보다 못해 스승은 말씀하신다
    "간 만큼 내려오라고

내려와 다시 오르라고

오를 때는 숨도 쉬지 말라고"

스승의 말 따라

언덕을 넘고 보니

스승은 가시고

흙먼지만 붉다

- 「언덕을 넘어가는 법」 전문

스승의 언술을 빌어 인생의 언덕길을 넘는 방법을 암시한다. 인생의 고갯길, 언덕길을 이만큼 비유적으로 잘 그려낸 작품도 드물다. 객관적 시선을 유지하면서 담담하게 '인생'을 담아내고 있는 기법이 장상옥 시의 장점이다. 끝부분에서 "스승의 말 따라/언덕을 넘고 보니/스승은 가시고//흙먼지만 붉다"의 시적 승화는 한껏 시의 맛과 멋을 북돋우는 여운으로 우리들 인생을 다시 한번 뒤돌아보게 한다.

무식한 담벼락처럼 별 반성도 없이 보낸 세월

몇 개의 병病을 얻고

얼마의 밥벌이를 하고

손을 터니

먼지뿐

햇빛에 먼지가 반짝인다

간수 같은 이가 '잘 가라' 손을 흔든다
접어둔 지 오래된 날개는
있어도 그만
없어도 그만

낯선 몇 개의 바람이 내 어깨에 앉는다
출감出監인가?

-「또 다른 문」부분

「언덕을 넘어가는 법」이 객관적, 관조적 시선으로 창조된 시라면 「또 다른 문」은 작자 자신의 이야기를 직접적 주관적 시선으로 그려낸 작품이다. 오랫동안 "몇 개의 병甁을 얻고/얼마의 밥벌이를 하고/손을 터니/먼지뿐/햇빛에 먼지가 반짝인다"고 형상화한다. 그러나 끝 연에서는 그렇게 갇혔던 시간을 마치 감옥에 갇혔던 시간으로 연상하여 "출감出監인가?"라고 반문한다. 이 반문은 오히려 어렵게 견뎌낸 시간의 해방을 암시한다. 해방된 시·공간에 이르러 "낯선 몇 개의 바람이 그의 어깨에 내려와 앉듯이." 장상옥 시인의 시는 곳곳에서 인생의 무상함이 언뜻언뜻 그림자처럼 스친다. 그래서 감명 깊게 다가온다. 이것은 장상옥 시인이 늘 시와 함께 살면서 시적 발화와 승화의 적공積功을 깊이 쌓은 결과이리라.

> 퇴직하고 산티아고˙에 같이 가자던 친구는 요양병원에 누워 있고
> 여고 시절부터 시화전을 같이 열자던 친구는
> 이젤을 끼고 하늘나라로 이사 갔다
> 벚꽃 흩날리는 고궁에서
> 셋이 찍은 사진을 보다가 피식 웃음이 난다
> 공수표만 날리는 것들
> 온다던 비는 오지 않고
> 때늦은 매미 소리만 온몸을 찌른다
> 사진 속 벗들과 주거니 받거니
> 낮술에 취해 버린 입추
> 가을은 어디서 오는 것일까
> 가을은 어디쯤 와 있을까
>
> * 산티아고 : 스페인 순례길.

― 「가을에 쓰는 편지」 전문

봄밤
누군가

창문 두드린다

문 여니
저렇게 큰
함박눈 내린 줄이야

가까이 다가가니
수십 개
노오란
알전구

가슴으로
걸어 들어와
얼굴이 된다

겨우내
하늘 할퀴던 바람
손가락 접어
그리운 사람 셀 줄이야
이름만으로
머릿속 환해지는
어둠 속 댄서'일 줄이야

* 어둠 속 댄서 -'라스폰 트리애' 감독의 영화제목.

-「어둠 속 댄서」전문

  2025년도, 이제 곧 이 나라, 이 지상에도 '가을'이 다가오고 저물 것이다. '가을' 하면 떠오르는 이미지만큼 이 시, 「가을에 쓰는 편지」는 쓸쓸하고 허망하다. 그야말로 인생 무상함이 울컥울컥 가슴을 적시는 시다. 가을 나뭇잎이 떨어지듯 "산티아고˚에 같이 가자던 친구는 요양병원에 누워 있고" 시화전을 같이 열자던 친구는/이젤을 끼고 하늘나라로 이사 갔"기 때문이다. 서정시의 극치를 이루는 시상과 시적 전개로 주제는 물론 회한의 정한과 결말 처리가 으뜸이다.

  「어둠 속 댄서」란 작품 역시 영화를 보고 영감을 얻어 쓴 작품으로 인생의 허망함 같은 정서를 함의하고 있다. "봄밤/누군가/창문 두드린다" "문 여니/큰 함박눈"이다. 그 눈송이들이 "노오란 알전구/가슴으로 걸어 들어와/얼굴이 된다." 그런데 그 얼굴은 "이름만으로 머릿속 환해지는/어둠 속 댄서"이다. 눈송이를 의인화하여 그리운 어떤 대상으로 생명화한 활유법이 이 시의 미학적 경지를 창출해 내고 있다.

시를 쓴다는 것은 '인생'을 쓰는 일이다. 장상옥 시인의 인생이야기는 소외계층에 대한 인생 이야기에서부터 자신이 건너온 인생 이야기를 객관적 시선으로 담담하고 잔잔하게 그려내고 있다. 그러나 그 이미지 속에는 작자의 웅숭깊은 아픔이 내면화되어 있어 더욱 시적 효과가 극대화된다. 또한 그 아픔 속에는 그려내고자 하는 제재와 주제가 살아 꿈틀대는 생명력을 동반하고 있어 더욱 감동이 깊다. 이런 시적 작법은 장상옥 시인이 그려내고자 하는 새로운 언어와 참신한 정서의 창조적 발견의 결과물이다. 한편 장상옥 시인의 시 세계가 그 잔잔하면서도 큰 울림을 주는 것은 깊은 바닷속 파고와 같은 인간의 내적 고뇌와 아픔의 파동이 큰 파장으로 번져오기 때문이다. 그것은 바로 독자와 함께 할 수 있는 공감의 창, 그 서정성 때문이다. 그리하여 장상옥 시인의 시는 문청시절부터 시와 함께 살아온 노련한 시적 승화의 결과물이 샛별처럼 돌올하여 눈부시기만 하다. 이런 눈부신 시와 함께 가야 할 장상옥 시인의 시의 길이 더욱 환하게 열리기를 소망하면서 좋은 시를 만난 이 서술을 끝맺는다.

상상인 시인선 089

밤이 깊지도 않고 새벽이 왔다

지은이 장상옥

초판인쇄 2025년 10월 15일 **초판발행** 2025년 10월 18일

펴낸곳 도서출판 상상인 **편집주간** 황정산 **펴낸이** 진혜진

표지디자인 최혜원 **기획·마케팅** 전은빈 최유림 노혜림 정현수

책임교정 길상화 **편집** 세종PNP

등록번호 제572-96-00959호 **등록일자** 2019년 6월 25일

주소 06621 서울시 서초구 서초대로74길 29, 904호

전화번호 02-747-1367, 010-7371-1871

팩스 02-747-1877 **전자우편** ssaangin@hanmail.net

ISBN 979-11-7490-017-3 (03810)

값 12,000원

* 이 책은 전부 또는 일부 내용을 재사용하려면 반드시 저작권자와 도서출판 상상인의 동의를 받아야 합니다.

* 이 도서의 국립중앙도서관 출판시도서목록(CIP)은 서지정보유통지원시스템 홈페이지(http://seoji.nl.go.kr)와 국가자료공동목록시스템(http://www.nl.go.kr/kolisnet)에서 이용하실 수 있습니다.